切り絵の世界

—中国剪紙—

Cutting Paper Work of China

青幻舎

SEIGENSHA

目次

中国の切り紙細工「剪紙」

中国の剪紙の歴史は、遥かに商の時代（紀元前16世紀〜前11世紀）まで遡ります。司馬遷の『史記』の中には、西周（紀元前1027年〜前771年）の話として、「剪桐封弟」（アオギリの葉を切り抜く）という故事が見え、当時は木の葉や皮、絹布や金属片が切り絵の材料として用いられていました。やがて紙が発明された西漢時代（紀元前202年〜8年）以降、切り絵は様々な技術の発展を遂げたのです。

鋏と小刀のみを使って生み出される剪紙は、民間、特に農村などに長く伝承され、室内装飾や衣裳図案に愛用されてきました。中国全土、南北に広く分布しており、土地柄がもたらす特色が豊かです。一般的には、北方の剪紙は比較的デザインが単純で、素朴で雄健な味わいをもち、南方のものには優れた技術力が生む繊細優美な趣きがあると言われます。

そのテーマも、花、鳥獣虫魚、人物、景色、穀物、器具、文字など多岐にわた

り、中でも動物を題材としたものが大きな比重を占めています。さらに、近年では世情を反映して、労働や建設、バレエなど新しい分野も試みられるようになりました。

農民芸術としての剪紙は、女性の手になるものが大部分を占めています。「男耕女織」、男性が田畑を耕し女性が布を織るという分業のもと、女性たちが優れた剪紙の作り手として技量を磨いてきたのです。多くは下絵などは描かず、感情や想像力の赴くままに鋏を動かし、イメージを作り上げていきます。母の愛情を称え、生命の繁栄を願う心が、吉祥や瑞兆の図案に結実したと言えるでしょう。

中国の剪紙と日本の切り絵は深い関係を有しますが、悠久の歴史が育んだ豊かさ、広い大陸がもたらした多様性、文様が凝縮されアレンジされた精粋として、剪紙もまた歴史に残る芸術です。ぜひ身近にその美しさや温もりを感じていただきたく、多様な佳品を集成致しました。デザインのソースブックとして、貴重な作品集としてご覧いただければ幸いです。

動物

王

王

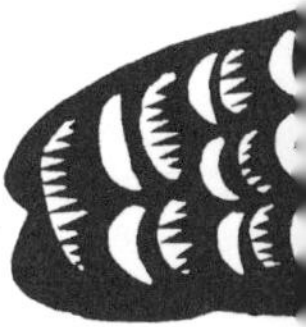

有餘

1,260円
(税5%)

補充注文カード

書店(帖合)印

注文数

書名 冊

切り絵の世界
—中国剪紙—

出版社
青幻舎

剪美会 編

定価 本体1,200円(税込1,260円)

注文日 月 日

品切重版中
月 日予定
重版未定

ISBN4-86152-062-2 C2072 ¥1200E

売上カード

青幻舎

〒604-8136 京都市中京区三条通東洞院西入ル
電話075-252-6766 FAX075-252-6770

花

花鳥

果実と野菜

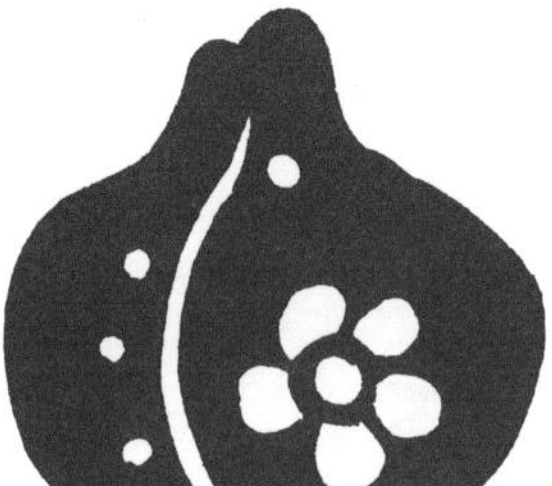

棗〈なつめ〉

仏手〈ぶっしゅ〉

梨

唐辛子・かぶ

人物

十二支

吉祥

囍

吉祥

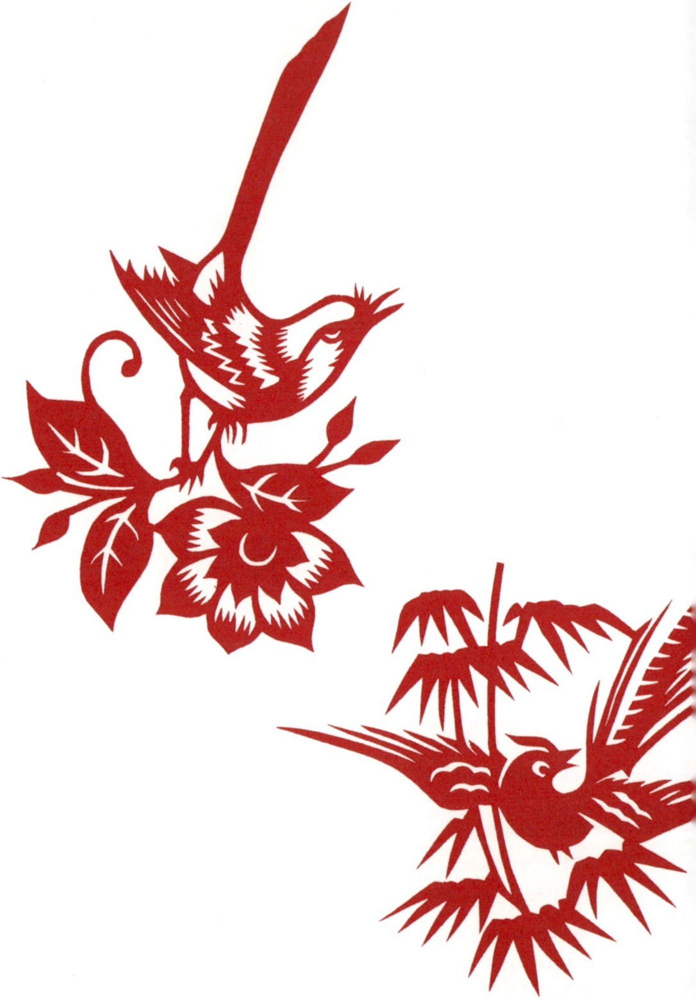

切り絵の世界―中国剪紙―

Cutting Paper Work of China

発　行　2006年4月1日　初版発行

発行者　安田英樹

発行所　株式会社青幻舎

京都市中京区三条通東洞院西入ル(〒604-8136)
TEL.075-252-6766　FAX.075-252-6770
http://www.seigensha.com

編集　剪美会

装訂　大西和重

印刷・製本　印刷夢工房有限会社

Printed in JAPAN

ISBN4-86152-062-2 C2072

無断転写、転載、複製は禁じます。

好評デザイン関連書

諸国デザイン図鑑　全2巻

古今東西の図像約6000点を一挙収録。ありとあらゆる「人工物」が網羅されたデザイン集。建築のディテール、装飾文様など、詳細なデッサンで図説。日本、西洋文化の違いがデザインを通して一目瞭然です。確かな再現性は、博物学的、史学的にも資料性の高い内容、デザインソースとして、質・量ともに最大級のビジュアル図鑑です。

解説／柏木博

〈第1巻〉
建築、家具・調度、照明具、食器、石造物、土器・石器、古鏡、通貨、標識、兵装・兵器

A5判・386頁■1890円（税込）

〈第2巻〉
服装、乗物、宗教具、紙製品、文様・紋章、楽器、雛人形、面、髪・髷、袋物、玩具、その他

A5判・402頁■1890円（税込）

ビジュアル文庫シリーズ

日本の家紋

平安時代以降、家の由緒や家系を表わすものとして、代々伝えられてきた家紋。ミニマムにしてシンボリックな意匠は、日本文化の美を代表するものです。本書は、全4500種をモチーフ別に収録した決定版。

文庫判・319頁■1260円（税込）

千社札

二代目銭屋又兵衛コレクション

千社札は、江戸の美学である粋と洒落の精神が生んだグラフィックデザインです。ダイナミックな構図と華麗な色彩を駆使して、文字と浮世絵を独自に融合させました。約400点の佳品を収載。

文庫判・224頁■1260円（税込）

琉球紅型

沖縄の光と美しい自然が育んだ紅型。鮮烈な色彩と、自由奔放に自然を形象化したリズミカルな文様が特徴です。琉球王家、尚家伝来の高貴な衣裳と、鎌倉芳太郎コレクションの多彩な裂地を集成しました。

解説／與那嶺一子

文庫判・256頁■1260円（税込）

ビジュアル文庫シリーズ

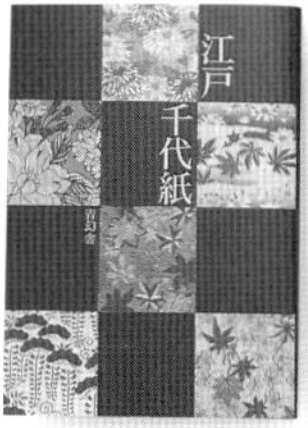

新版 和更紗

南蛮貿易によってもたらされた「渡りの更紗」は、斬新かつ華麗な紋様が、驚きをもって迎えられました。その異国情緒にみるハイカラとわが国伝統紋様との融合が生み出した、風趣あふれる「和更紗」約８６０点を収録。

吉本嘉門編

文庫判・２５６頁■１２６０円（税込）

江戸千代紙

千代紙は、江戸の錦絵屋が和紙に様々な文様を木版色刷りにしたことに始まります。図案は当初浮世絵師によって描かれましたが、桜あり、紅葉あり、牡丹、秋草など、四季が匂い立つ斬新な美しさ。江戸の風流と文様の宝庫です。

解説／いせ辰

文庫判・２５６頁■１２６０円（税込）

楽しい小皿

諸国名物を描いた風雅な皿や、異国情緒あふれる皿。とりどりの形を愉しむ型物に、人気の丸皿。さらに浅井忠の絵皿や蓮月焼など貴重な作品も。手のひらでいとおしむ小皿豆皿の逸品約４００点を収載。

三好一著

文庫判・２５６頁■１２６０円（税込）

ビジュアル文庫シリーズ

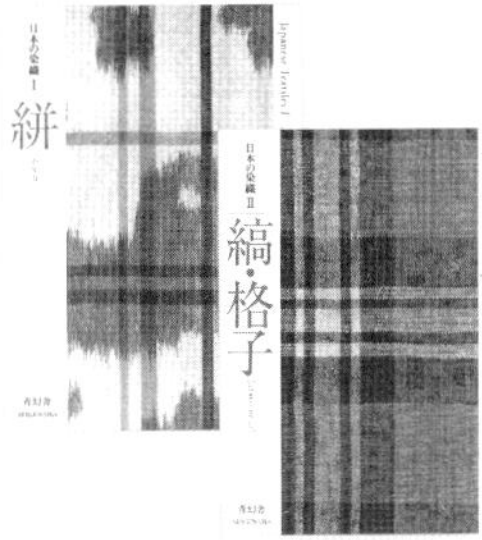

日本の染織 I 絣・II 縞・格子

江戸末期から大正にかけての貴重な布をオールカラーで掲載。第一巻には、藍染の木綿絣や銘仙絣、絵絣等手紡ぎの質感が魅力の「絣」を約４２０点。第二巻には、みじん縞、弁慶格子など多彩で粋な「縞・格子」約６５０点を収載。デザイン集としても必携です。

吉本嘉門編

文庫判・各２５６頁■各１２６０円（税込）

日本の染型

和紙を柿渋で貼り合わせた型地紙に、多彩な文様を彫りつけた型紙は広く染色に用いられてきました。なかでも三重県鈴鹿市の白子町では、古来、その伝統技法が育まれ「伊勢型紙」として有名です。本書は、至高の職人技が生み出す、繊麗にして力強い文様を多数収録しました。

文庫判・２５６頁■１２６０円（税込）

ビジュアル文庫シリーズ

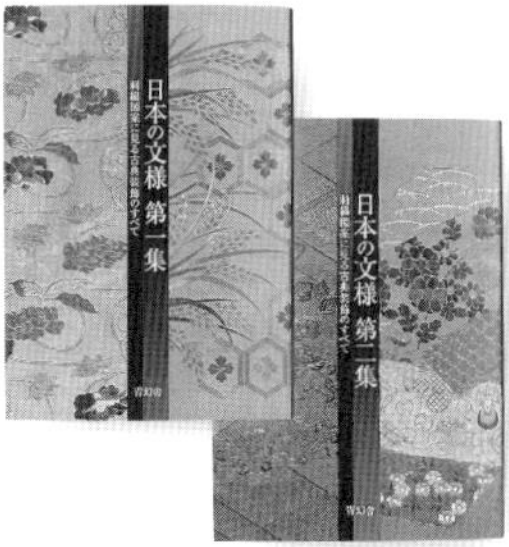

日本の文様　第一集・第二集

◇刺繍図案に見る古典装飾のすべて

わが国伝統の手仕事として優雅に育まれてきた繍の技。その図案の数々はまさに装飾文化の粋といえます。四季の花鳥や花丸、唐草などテーマごとに収録された文様は格好のデザインソースブックです。

紅会編著

文庫判・各256頁■各1260円（税込）

日本の文様　半襟　第三集・第四集

◇半襟「草花編」「文様編」

明治・大正時代に流行した「はんえり」は、友禅染めや日本刺繍など贅を尽くした装飾性と華やかさにあふれ、多くの女性たちを魅了しました。本書は、京都の旧家に所蔵されていた下絵をテーマ別に収載。伝統意匠の粋を伝えます。

文庫判・各256頁■各1260円（税込）

ビジュアル文庫シリーズ

日本の伝統色　その色名と色調

色彩学の権威である著者が、古文献、古裂などの典拠を徹底検証し、季節感あふれる伝統色が目に見える「色」として蘇った画期的な名著。225色すべてに染料、古染法、色調や流行沿革などを収録。活用至便な全色カラーチップ付。

長崎盛輝著

文庫判・450頁■1575円（税込）

かさねの色目　平安の配彩美

十二単衣など平安の装束に見られる衣色の配合260余種をビジュアルに再現した名著。トーン分類一覧表、参考文献なども多彩に収録。平安人の繊細な美的感覚と、その配合の妙をお楽しみ下さい。巻末カラーチップ付。

長崎盛輝著

文庫判・360頁■1575円（税込）

王朝の香り　現代の源氏物語絵とエッセイ

京都画壇を代表する54名の画家と、各界の識者54名のエッセイが織りなす絵物語。味わい深い絵と名文が『源氏物語』への様々な想いを語り、時代を越えた心の襞を覗かせてくれます。

松栄堂広報室編

文庫判・324頁■1260円（税込）

ビジュアル文庫シリーズ

新刊

印半纏［しるしばんてん］

江戸っ子がデザインした、粋でいなせな印半纏。祭には印半纏姿のファッションが競い合う。威勢のいい掛け声に、ねじり鉢巻で神輿が踊り、跳ねまわる。火事と喧嘩は江戸の華。いろは四十八組のいなせなシンボルは印半纏。仕事師には印半纏がよく似合う。本書には意匠を凝らした雛形のデザイン、その時代背景の資料約500点を収録。

岩田アキラ著

文庫判・276頁■1260円（税込）

新刊

染と織の文様

大正3年刊行の名著『染織大鑑』の新装・復刻版。植物文様、瑞祥文様などの染文様約125点と、幾何文、丸文、菱文などの織文様約130点を収録。自由闊達で華やかな文様世界が広がる。巻末には用語解説を付した、和装テキスタイルデザインの決定版。

解説／城一夫

文庫判・288頁■1260円（税込）

アーティス

D1670004

B５判・各16枚入
■各1260円

柄画 Pattern card

其の壱　柄柄合ワセ
其の弐　色色合ワセ

お箸、番傘、苔玉など、身のまわりのものをモチーフに、季節感あふれる新鮮な和柄をデザイン。配色は、日本の伝統色のうちで特にお気入りの45色を使用。使い方様々、プレゼントにも最適です。
柄画Works 著

折りCA［おりか］

絵がついたグラフィック折り紙がカードになりました。鯉・狐・目白・蝙蝠・兜など、古典的なモチーフが16種。折り線も入って折り易く、巻末には練習用の折り紙が付いています。
cochae（コチャエ）著

旅することば

詩を贈るポストカードブック。一枚のカード両面に描かれた一篇の詩とひとつの画。ふたつに切り分けて送ります。手元に残った方には、送った日付などを記録する欄も。
詩・豊原エス　画・足田メロウ